RICHARD,

PARODIE

DE

RICHARD III,

EN VAUDEVILLES.

Représentée pour la premiere fois, le 2 Septembre 1781, par les Comédiens Italiens, ordinaires du Roi.

Prix 1 liv. 4 fols.

A PARIS,

Chez THOMAS BRUNET, Libraire; rue Mauconfeil, à côté de la Comédie Italienne.

M. DCC. LXXXI.

Avec Approbation & permiſſion.

PERSONNAGES,	ACTEURS,
RICHARD,	M. Ménier.
RICHMOND,	M. Michu.
CATESBY,	M. Philippe.
STANLEY,	M. Trial.
L'AMI DE RICHMOND,	M. Favart.
Le DUC,	M. Rosiere.
MARGUERITE,	Mde. Billioni.
ELIZABETH,	Mde. Dugazon.
Un DESSINATEUR,	M. Valroy.
Un OFFICIER,	M. Dufrénoy.
GARDES de Richard & de Richmond.	
PEUPLE.	

A MONSIEUR

PAPILLON DE LA FERTÉ,

Commiſſaire-Général de la Maiſon du Roi, & Intendant-Honoraire de l'Ordre Royal & Militaire de Saint-Louis.

MONSIEUR,

C'EST un bien foible hommage que celui d'une Parodie ; mais l'hommage du reſpect & de la reconnoiſſance a toujours ſon prix : c'eſt celui-là, Monſieur, que je prends la liberté de vous offrir ; trop heureux que vous me permettiez de ſaiſir cette occaſion, pour vous aſſurer des ſentimens reſpectueux avec leſquels j'ai l'honneur d'être,

MONSIEUR,

Votre très-humble & très-
obéiſſant ſerviteur
PARISAU.

RICHARD,

PARODIE

DE RICHARD III.

SCENE PREMIERE.

RICHARD, CATESBY.

Air : *D'un bouquet de Romarin.*

Quoi!. vous que j'ai vu toujours
D'une humeur charmante,
Vous changez, & tous les jours
Votre noir augmente!
Est-il encor des débats?
Faut-il marcher aux combats?

RICHARD.

Non, tu ne devines pas
Ce qui me tourmente.

CATESBY.

Air : *Il en faut si peu, &c.*

Allons, soyez gai,
Tout est subjugué,

A

Le parti du défunt est bien élagué ;
Londre est à genoux,
Le Trône est à nous ;
Un Sceptre conquis
Est très-bien acquis.
Les deux fils de ce frere
Étoient un peu vos neveux ;
S'en défaire,
Fut l'affaire
De ce bras fidele à servir vos vœux :
Puisqu'ils sont bien morts
Soyez sans remords ;
Leurs droits à régner étoient de grands torts :
Moi qui ne mens pas
(Le rôle est trop bas)
Je crois qu'en effet
Vous avez bien fait.

RICHARD.

Air: *Que le sabot soit par nous vérifié.*

Faut-il, ami, qu'à nos sanglans débats,
D'Elizabeth la cruauté survive ?
Le calme regne au sein de nos états ;
Londre est tranquille, & mon cœur ne l'est pas.

Babet m'enflamme, un peu tard, mais enfin
Je l'ai fait veuve, orpheline & captive ;
Ses grands Parens sont tous morts de ma main,
Et je n'en ai qu'un refus inhumain.

CATESBY.

C'est une chose étonnante que cette aversion-là !
Mais au reste, elles se ressemblent toutes, & ces
refus ne tirent point à conséquence.

Air: *Des Bergers du Hameau.*

Non, est un mot toujours prêt ;

C'eſt un nœud qui nous attache ;
Point de fille qui ne ſache
Qu'un refus eſt un attrait :
Il pique, & de la plus fiere,
Vaut bientôt un tendre retour :
Des complaiſances de l'amour
Un refus eſt la premiere.

RICHARD.

Bon !

CATESBY, *d'un ton appuyé.*

Des complaiſances de l'amour
Un refus eſt la premiere.

RICHARD, *gaîment.*

Air : *Je me ſuis levé* (du Printemps).

Tu croirois mon cher : ......

CATESBY.

Tout cela n'eſt qu'un air :
Elle affecte ; mais
Croyez que déſormais.......

RICHARD, *tranſporté.*

Heureuſement que tu ne mens jamais,
Car tu l'as dit toi-même.

Air : *Margoton, ma mie.*

Quant à Marguerite,
Que ſa chaîne irrite,
Je crains trop l'hoſtilité
Pour la, pour la, pour la remettre,
Je crains trop l'hoſtilité
Pour la remettre en liberté.

CATESTY.

Fort bien, vu !

RICHARD.

Milord Duc a fait mon éducation ; mais je
n'entends pas qu'il faſſe mes affaires.

4 *Richard*,

Il régiroit l'Angleterre,
Je prétends l'en empêcher ;
Il faut caffer fa lifiere
Quand on commence à marcher :
Milord a fait un éleve
Un peu vif de fon humeur :
Je pourrois, s'il fe foulève,
Corriger mon Précepteur.

Ménagons-le pourtant ; car comme on l'a dit très-mélodieufement. . . . . *Le falut de l'état eft plutôt l'œil qui voit que le bras qui combat.*

CATESBY.

Toujours le mot pour rire.

SCENE II.

Les précédens, ELIZABETH.

RICHARD, *court au devant d'elle.*

Air : *Belle Rofe, &c.*

Belle Brune que j'adore.

ELIZABETH.

Air : *Toujours va qui danfe.*
Tyran que je hais, n'attends rien.

RICHARD.

Pourquoi, tyran que j'aime ?

ELIZABETH.

Ma haine eft immortelle.

Parodie de Richard III. 5

RICHARD.

Eh bien,
Mon amour tout de même.

ELIZABETH.

Si tout le mal que je te veux....

RICHARD.

L'aveu n'est pas honnête.

ELIZABETH.

Qu'il éclate au moins dans mes vœux.

RICHARD.

Gardez-les pour ma fête.

ELIZABETH.

Air : *Que ne suis-je la fougere.*

Que ne puis-je en ombre affreuse,
Sortant du fonds des tombeaux,
Entrer pâle & ténébreuse,
Dans les plis de tes rideaux.

RICHARD.

Ma chere enfant, la nuit sombre,
Permet tout à la frayeur,
Et j'irois chiffonner l'ombre,
Pour me guérir de la peur.

ELIZABETH.

Même air.

Au sommeil, lorsqu'il t'enchaîne,
Je t'arracherois.

RICHARD.

Tout doux !
Babet n'auroit pas grand peine,
Car je dors comme un jaloux.

ELIZABETH.

Même air.
Ceux que ta main assassine,
Rappellés des sombres bords....

A iij

RICHARD.

En effet, c'eſt une mine
A reſſuſciter des morts.

Air : *Fanfare de Saint-Cloud.*

En deux mots, daignez m'entendre,
Oubliez Richmond pour moi :
Richmond n'eſt que jeune & tendre ;
Moi, j'ai l'honneur d'être Roi.
Quand un Amant ſur le trône,
D'un ſceptre nous fait cadeau ;
L'amour, contre une couronne,
Peut bien troquer ſon bandeau.

ELIZABETH.

De quel droit m'offres-tu mon bien ?

RICHARD.

Belle demande ! du droit du plus fort.

Air : *Roulant ma brouette.*

Tous, tant que nous ſommes,
Ce droit nous ſoutient ;
Nous autres grands hommes,
Tout nous appartient.
Moi j'ai pu tout prendre,
Sans rien menager,
Et c'eſt aſſez rendre,
Que de partager.

ELIZABETH.

Air : *Rendez-moi mon écuelle de bois.*

Rends-moi mes parens égorgés
Par tes mains criminelles ;
Rends-moi mes amis outragés
Dans tes priſons cruelles....

RICHARD.

Que de reſtitutions !....

ELIZABETH.
Suite de l'Air.
Rends ces Généraux,
Ces Héros,
Tombés fous tes bourreaux.
Fideles.
RICHARD.
Quoi ! mon cœur,
Toujours de l'humeur !
Et pour des bagatelles.
Tenez, mettons de côté mes petits torts, &
parlons de mon amour.

Air : *Pierrot revenant du moulin.*

Du jour où ce minois mutin, *bis.*
Se rencontra dans mon chemin ;
Mon cœur s'enfla,
L'orgueil l'enfla,
La toure lourifa.
ELIZABETH.
Mais arrêtez donc,
Finiffez donc,
Laiffez ça là.
Jamais Tyran ne me couronnera.
RICHARD. *Sérieufement.*
J'ai des procédés,
Mais vous m'excédez,
A la fin, moi je tranche ;
Je fuis tout rond,
Et ma façon
Eft franche.
Concluons donc,
L'hymen où mon
Cœur panche,
Réfléchiffez y
Jufqu'à Samedi ;
Nous nous marierons Dimanche.

SCENE III.

ELIZABETH, MARGUERITE.

ELIZABETH.

Air : *Ah ! le bel oiseau , &c.*

CE cruel Tyran ,
        Maman ,
Prétend que je fois fa femme ;
Ah ! j'aimerois mieux, Maman ,
Refter fille encore un an.

Mais que dit - on de Richemond ?

MARGUERITE.

Air : *De la Baronne.*

Dans la Gazette,
    On dit qu'il part,
    Qu'il joint Richard.
Ce bruit m'alarme & m'inquiete,
    Car chacun le croit,
    Quoiqu'il foit
Dans la Gazette.

ELIZABETH.

Air : *Comme v'là qu'eft fait.*
Que ma douleur feroit amere !
Car je l'aime affez tendrement :
MARGUERITE.
Ma chere enfant, moi, je fuis mere ;
C'eft bien un autre attachement :

Et si jamais ce fils que j'aime....
    On entre ici,
    Qu'est-ce ceci,
Q'apperçois-je? Stanley lui-même!

ELIZABETH.

Comment Stanley! mais en effet....

TOUTES DEUX ENSEMBLE.

    Comme il est fait,
    Comme il est fait.

SCENE IV.

Les précédens, STANLEY *dans le désordre d'un naufrage.*

STANLEY.

Air : *Je suis percé jusqu'aux os.*

JE suis percé jusqu'aux os.
    Battu des flots,
    Jouet des eaux,
J'échappe seul au naufrage :
    Ah quel orage! quel orage!
Je suis gêlé, morfondu,
    Tout est pris, noyé, perdu.
Je suis percé...... &c.

ELIZABETH, *avec timidité.*

Air : *Ah l'on me retire.*

Richmond..... coup terrible!
    Il étoit à bord!

STANLEY.

Une vague horrible
A fini son fort.

ELIZABETH.

Ah ! ah ! ah ! quel dommage.

MARGUERITE.

Contez-nous du moins sa mort ;
Un récit soulage.

STANLEY.

Air : *Sous un Ormeau.*

Notre vaisseau ,
Tranquillement flottoit sur l'eau ;
Londre étoit près ,
Nous chantions tous des airs gais ;
Mais......

Air : *Notre Demoiselle a dit ,* oui.

Le vent s'éleve à l'instant ,
V'là qu'il enfle l'onde ,
Le tonnerre gronde ,
Le vent s'éleve à l'instant ;
Nous nous résignons au sort qui nous attend.

Air : *Je ne saurois danser.*

La mer fait danser
L'esquif où la peur nous jette ;
La mer fait danser
L'esquif prêt à s'enfoncer.

Air : *Babet que t'es gentille.*

Le courage s'éteint
Quand les forces chancellent ;
Déja l'eau nous atteint ,
Et les flots s'amoncelent.

Richmond , fils d'abord

Recommande au fort
Sa mere & fa famille :
Puis occupé d'Elizabeth,
Il regarde, il tient fon portait,
En s'écriant, dans fon regret :
Babet, que t'es gentille.   *bis.*

Air : *Il étoit une fille.*

Il étoit une roche,
Qui n'offroit en tout fens,
Que côtés menaçans ;
La barque s'en approche :
Au premier choc, hélas !
Tout fe brife en éclats.

TOUS TROIS ENSEMBLE.

Ah !.........

Air : *Ah ! mon Dieu.*

Ah ! bon Dieu, que je l'échappai belle !
J'arrêtai, je pris
Un des débris
De la nacelle.
Il eft sûr que je l'échappai belle ;
Mais je fuis vivant,
En dépit de l'onde & du vent.

Air : *C'eft bien fort pour nous.*

Pardon ; mon narré
N'eft pas trop ferré ;
Mais c'eft l'ufage enfin
De conter fans fin.
Quand un bel efprit
Sait faire un récit,
Jamais il ne finit,
S'il n'a pas tout dit.

Air : *Au coin du feu.*

Quand les récits finissent,
Et quand ils attendrissent,
Ce n'est qu'un jeu.
Tout trempé du naufrage,
Je vais prendre courage
Au coin du feu. *bis.*

SCENE V.

ELIZABETH.

Air : *L'avez-vous vu.*

PUISQUE j'ai perdu mon amant,
Je renonce à la vie.

MARGUERITE.
Mon fils est mort assurément,
Et j'ai la même envie.

ELIZABETH.
Un peu d'ardeur & ce poignard
M'affranchit des fers de Richard.

MARGUERITE.
Prêtez-le moi,
Car c'est à moi
De mourir la premiere.
(Elle prend le poignard.)

ELIZABETH.
Rendez-le moi ;
J'ai trop d'effroi
Quand je meurs la derniere.

MARGUERITE.
Richmond étoit si complaisant !

ELIZABETH.

Il étoit ſi gai , ſi plaiſant !

MARGUERITE.

Beau tout-à-fait,
Fait
Au parfait.

ELIZABETH.

Ah ? je ſens bien mon infortune.

MARGUERITE.

Moi , le jour m'importune.
Donnez-le moi,
Car c'eſt à moi
De mourir la premiere.

ELIZABETH, *reprenant le poignard.*
Rendez-le moi ,
J'ai trop d'effroi
Quand je meurs la derniere.

MARGUERITE.

Mais peut-être n'eſt-il pas mort :
En ce cas-là nous aurions tort.

ELIZABETH, *rendant le poignard.*
Gardez-le moi ,
Tenez, je croi
Qu'il eſt prudent d'attendre.

MARGUERITE, *le lui rendant.*
Prenez ce ſoin ;
Mais au beſoin ,
Songez à me le rendre.

(*Elles ſortent.*)

SCENE VI.

RICHEMOND, STANLEY, L'AMI DE RICHEMOND.

RICHEMOND.

Air : *Sans cesse à la Ville, à la Cour.*

Quand on est mort & qu'on renaît,
On excite un grand intérêt ;
D'Elizabeth, en nous montrant,
Dissipons les funestes doutes :
Mais parlons bas ; car un tyran
Est toujours aux écoutes.

Puisqu'enfin j'échappe à la mort,
Tâchons de changer notre sort.
Amis, profitons des instans,
Pour éloigner ce qu'on m'apprête ;
J'ai tout perdu, même du temps,
Ne perdons pas la tête.

L' A M I.

Air : *Toujours le même.*

Toujours, toujours, Richmond sera le même ;
De son naufrage il ne nous conte rien.

RICHMOND.

Je ne suis pas conteur ; tu peux, si tu les aimes,
Par forme d'entretien,
Te raconter le tien,
Et c'est le mien,
Car ils sont tous de même.
Tu peux tout me demander, hors cela, car je
te dois tout.

Air : *On compteroit les diamans.*

On compteroit les noirs excès
De ce tyran chargé de vices,
Plus aifément, ami François,
Que tes bienfaits & tes fervices.
L'accueil des tiens, que je chéris,
A touché mon ame attendrie.
Cher François, en quittant Paris,
J'ai cru fortir de ma patrie.

SCENE VII.

Les précédens, LE DUC.

LE DUC *au fond du Théâtre.*

Air : *Paifible Bois.*

Paisible lieu, témoin de mes regrets.......
A Richmond.

Air : *Ah ! quel plaifir d'aimer.*
Pourquoi m'écouter de fi près
Quand je dis des fecrets ?
RICHMOND,
Votre prudence eft en défaut ;
Ce lieu public, fans doute.....
LE DUC.
Lorfque je parle haut,
Je défends qu'on m'écoute.
RICHMOND *à fon Ami.*
Air : *Eh mais, oui da.*
Eloignons-nous, pour caufe.

LE DUC.

Mais...... mais..... attendez donc :
Ou mon œil m'en impose,
Ou c'est Milord Richmond.

RICHMOND.

Eh ! bien, oui da ;
N'en dites rien, j'ai des raisons pour ça.

LE DUC.

Renouons connoissance ;
Je suis pour vous servir.
Ce Duc, dont la puissance
A tout su vous ravir.

RICHMOND, *furieux.*

Quoi ! Mylord Duc ! mon ennemi ! mon persé-
cuteur ! mon bourreau ! le destructeur de ma famille !

LE DUC.
Suite de l'Air.

Oui, tout cela.

RICHMOND.

Comment peux-tu m'offrir ce monstre-là ?

LE DUC.

Air : *On dit qu'à quinze ans.*

Donnez-moi la main.

RICHMOND.

Crains plutôt ma juste colère.

LE DUC.

Donnez-moi la main.

RICHMOND.

Fuis d'ici, tyran inhumain.

LE DUC.

J'ai fait du mal pour plaire ;
Mais je suis bien changé.
Quand on n'en peut plus faire,
N'est-on pas corrigé.

J'ai

J'ai l'âge accompli
Pour prendre un pli ;
C'eſt choſe ſûre :
Deux fois quarante ans ;
Mais, n'importe, il eſt encor temps.
RICHMOND.
Air : *Où courez-vous , Monſieur l'Abbé.*
S'il me parloit ſincérement ;
LE DUC.
Promettrai-je par un ferment ,
Que pour jamais j'abjure ,
Et bien.....
RICHMOND.
Quand un Courtiſan jure ,
Vous m'entendez bien.

Air : *Un Capucin , oin , oin.*
Dois-je le croire, ou non ?
STANLEY.
Hon, hon.
RICHMOND.
Dois-je le croire , ou non ?
Faut-il que je l'embraſſe ?
STANLEY.
ENSEMBLE.
Hon , hon , hon, hon.
L' AMI.
Hon , hon , hon , hon.
RICHMOND.
Il eſt dans la diſgrace ;
Il a peut-être un cœur
Meilleur,
Il a peut-être un cœur.

(Il l'embraſſe.)
B

LE DUC, *avec transport.*

Air : *Ah ! Richard ! Ah ! mon cher ami.*

Ah ! Richard ! (*à Richmond*) ah ! mon cher ami !
  Ah ! Richard ! ah ! mon cher ami !
  Du tyran je fuis l'ennemi ;
  Coûtons-lui des regrets, des larmes ;
  Qu'il compte encore un ennemi.
  Dans fon fein portons les alarmes.
  Quel bonheur je rencontre ici !

Air : *Sans ceffe à la Ville.*

Je fuis impatient déjà
De combattre ce tigre-là :
Communiquons à nos foldats
Le zèle ardent qui nous enivre,
Puis allons mourir de ce pas,
  Pour commencer à vivre.

(*Il fort.*)

SCENE VIII.

RICHMOND, STANLEY, L'AMY.

RICHMOND.

IL a l'antithefe encore un peu jeune. N'apperçois-je pas ma mere.

SCENE IX.

Les précédens, MARGUERITE, ELIZABETH.

L'AMI.

Air : *Nanni ma mere.* (Air de Marmotte).

C'est elle-même.

MARGUERITE.

La Princeffe & moi,
Dans l'effroi ;
Londres qui t'aime,
Tout frémit pour toi.

RICHMOND.

Ceffez, ma mere,
De craindre toujours
Pour mes jours.
Ceffez, ma chere,
De craindre pour leur cours.

Air : *Ne v'là-t-il pas que j'aime.*

Par vos yeux embellis, charmés,
Ils font dignes d'envie ;
L'heureux Richmond, fi vous l'aimez,
Doit tenir à la vie.

ELIZABETH.

Une fille toujours fautille.

Air : *Quand la guerre,* (Ariftote.)

Ah je tremble,
Le Tyran raffemble,
A fon camp là-bas,
Des milices de foldats.

RICHMOND.

» On les dompte,
» Et puis on les compte;
J'ai lu ce mot-là;
N'eſt - il pas fort bien là ?

Air : *J'ai du bon tabac.*

Moi, j'ai des ſoldats,
Comme il n'en a guere;
Moi, j'ai des ſoldats,
Comme il n'en a pas.
J'ai leur parole du ſuccès;
Ils la tiendront, ils ſont François.

(*A Eliʒabeth.*)

Je ſuis ſatisfait,
Notre hymen approche;
Le Tyran défait,
Notre hymen ſe fait.

Air : *En roulant ma brouette.*

(*Un Officier ſortant, accompagné de pluſieurs
ſoldats.*)

Eh ! qui donc amuſe
Notre Général ?
Notre ardeur accuſe
La lenteur du bal ;
Bouffi d'inſolence,
Richard eſt preſſé :
Peut-être on commence,

(*Un coup de canon.*)

On a commencé.

RICHMOND, *avec feu.*

Donne-moi ta hache ,
Armes-en ma main ;
Mon casque à pannache ,
Et mon sabre fin ;
J'entends le tonnerre ,
J'entends les tambours :
Adieu donc , ma mere ,
Adieu , mes amours.

Il sort. Même Air. (*Marche.*)

SCENE X.

MARGUERITE, ELIZABETH.

(Air : *Ah mon cher ami que j't'aime*).

NE risquons-nous pas ?
Car c'est à deux pas
De l'endroit où nous sommes.

(*Canon , Musique militaire.*)

Grands Dieux ! Quel bruit !
Comme on détruit
Des hommes !
Monstre abhorré ,
Meurs , j'en ferai
Ravie.

MARGUERITE.
J'ai peur pour Richmond.
ELIZABETH.
Hélas ! Songez donc ,
S'il alloit perdre la vie !

Même Air.

Car dans les combats ,
Que ne perd-on pas ?
Le Dieu Mars eſt ſi traître !
Un bras ou deux ,
Deux jolis yeux ,
Peut - être ,
Ce méchant - là ,
Pour nous mettre à
L'épreuve ,
Ramene ſouvent
Un mari vivant,
Dont la femme eſt pourtant veuve.

M A R G U E R I T E.

Air : *Jardinier , ne vois-tu pas.*

Sort , que fait mon fils ?
E L I Z A B E T H.
Ah ! dis
Si de nous tu l'écartes.
M A R G U E R I T E.
Et comment dira-t-il cela ?
E L I Z A B E T H *myſtérieuſement.*
Je ſuis ici ſans témoins ,
Tirons, ſans y croire au moins ,
Les cartes , les cartes, les cartes.

M A R G U E R I T E.

Air : *Ne v'là-t-il pas que j'aime.*

Nulle de nous n'en a ſur ſoi ;
Comment nous ſatisfaire.
E L I Z A B E T H.
J'en ai toujours, tant je crains , moi ,
L'ennui de ne rien faire.

(*Elles s'approchent des débris d'une colonne. Eli-*
zabeth y pose des cartes, les mêle, les déplace &
chante.)

Air : *Le Port Mahon est pris.*

Que Richmond foit en cœur ;
Le cœur est la couleur
Qu'Amour me recommande ;
Tyran de pique, je t'appréhende :
A diftance affez grande
       Les deux Rois
       Sont trois fois
       Partagés ,
       Dérangés ,
       Et rangés.
Richard chancele un peu ,
Richmond a très-beau jeu :
Ah ! quels coups Richmond porte !
Le cœur, le cœur est la couleur forte ;
    (*Avec joie.*)
C'en est fait , il l'emporte ,
Le Tyran est détruit ;
       Il s'enfuit ,
       Il s'enfuit,
       Il s'enfuit.

(*Soldats derriere le Théatre.*)
       Il s'enfuit ,
       Il s'enfuit ,
       Il s'enfuit.

(*La coupe de ces paroles est calquée sur celles*
des Vendangeurs.)

E L I Z A B E T H.

Air : *T'es dans tes atours, moi d'même.*

Mais , n'entends-je pas ?....

MARGUERITE.
Moi d'même. *bis.*
ELIZABETH.
Il fuit. A-t-on crié d'même ?
MARGUERITE.
Tout d'même.
ELIZABETH.
Faut-il croire ?.... hélas !....
Erreur que j'aime
Ne me quittez pas.
MARGUERITE.
Moi d'même.
ELIZABETH.
Sûrement j'ai bien preſſenti.
MARGUERITE.
Moi d'même.
ELIZABETH.
Les cartes n'ont jamais menti.
MARGUERITE.
J'dis de même.
Ton hymen eſt fait.
ELIZABETH.
Si Richmond m'aime ,
Richard eſt défait.
MARGUERITE
Il eſt mort même,
ELIZABETH.
Je l'apprends ſans regret.

SCENE XI.

RICHARD , CATESBY , Officiers ; Soldats.

RICHARD *achevant l'air.*

Moi d'même.
LE CHŒUR.
Moi d'même.
ELIZABETH.
C'eſt lui ! je me meurs.
MARGUERITE.
Moi d'même.
RICHARD.

Air : *Ma Commere , quand je danſe.*

Ah ! parbleu, dans mon hiſtoire ,
Ce jour-ci ſera cité;
Mais à préſent ſuis-je écouté ?
Celui qui chérit la gloire
Doit l'être de la beauté.
Londre a trop gémi peut-être ,
Offrons-lui d'autres objets :
L'Hymen heureux......
ELIZABETH.
Les beaux projets !
Heureux ! Un Roi peut-il l'être ,
Teint du ſang de ſes ſujets ?

RICHARD.

Air : *Tout roule aujourd'hui dans le monde.*

Quoi ! mes ſujets ! je les ménage ;

Ils ont tous mon affection.
J'en ai fait un certain carnage,
Par forme de correction :
Mais quand on porte un cœur si tendre,
On est forcé d'être clément :
L'humanité s'est fait entendre,
Et j'ai tué très-sobrement.

Air : *Le premier du mois de Janvier, pardonnez-moi.*

Quel étoit donc cet effréné,
Qui, sur moi toujours acharné,
Me cherchoit au milieu des nôtres ?
Il s'est éclipsé tout-à-coup ;
Mais il sçait allonger un coup,
Accompagné de plusieurs autres.

ELIZABETH (*à part.*)

Ah ! c'est Richmond.

CATESBY.

Air : *Il étoit un oiseau gris.*

J'en suis encor tout ému ;
Car je l'ai vu
Sabrant d'un bras irrité
Sa Majesté :
J'ai couru soudain à lui,
Mais il a fui.
Nos soldats, le cœur outré,
L'ont entouré ;
Ma main, d'un coup assez adroit,
L'a fait tomber, comme on le croit.

MARGUERITE *à Elizabeth.*

Ah ! cachez vos larmes, car on les voit,
Car on les voit.

RICHARD.

Air : *Non je ne ferai pas.*

Quoiqu'un jufte dépit, ainfi qu'il le mérite,
Enchaîne loin de moi le fils de Marguerite ;
C'eft Richmond déguifé qui m'a fait ces défis.

MARGUERITE *fierement.*

Déguifé, me dis-tu ? Ce n'eft donc pas mon fils.

RICHARD.

Air : *On connoît l'Amiral Anfon.*

Ceci, Madame, eft très-bien dit ;
Le mot eft beau, fans contredit ;
Mais, Marguerite, à l'Univers,
Vous mentiriez dans un beau vers.
Si ce fils, fans honte & fans tache,
Ce fils qui jamais ne fe cache,
Dans mon Palais, pour m'échapper,
Ou peut-être pour me tromper,
Mafquoit ici fa deftinée,
Tout le long, le long de la journée,
Tout le long de la journée.

MARGUERITE.

Bon !

RICHARD.

Air : *A la façon de Barbari.*

J'ofe ajouter qu'il eft vivant,
J'en ai la certitude :
De reffufciter très-fouvent,
Richmond prend l'habitude ;
On le dit mort, n'en croyez rien ;
A la frayeur près il fe porte bien,
Quoiqu'en effet
Il ait péri,
Béribi,
De la façon de Catesby,
Mon ami.

MARGUERITE.

Air : *On l'aura pris, où peut-il être ?*

S'il n'est pas mort, où peut-il être ?

RICHARD.

Air : *Vive un Marchand dans sa boutique.*

Impatient
Que je m'écarte,
Il attend,
Il attend
Que je parte,
Que je parte.
Il est là, là, là, là, là, là,
Presque sous mes yeux :
Il peut être mieux.

LE CHŒUR, *avec le même geste.*

Il est là, là, là, là, là, là,
Presque sous mes yeux :
Il peut être mieux.

RICHARD.

Air : (Finale de la Colonie.) *Monseigneur s'avance.*

S'il a de l'intelligence,
Qu'il décampe en diligence,
Il n'y fait pas bon pour lui,
Il n'y fait pas bon pour lui.

LE CHŒUR, *idem.*

(*Ils sortent*).

SCENE XII.

RICHMOND, L'AMI.

RICHMOND *entre sur la pointe du pied avec les précautions d'un homme qui craint d'être apperçu.*

RICHMOND.

Air : *Pour une fois.*

Deux fois ma mort eſt certaine,
Deux fois j'en reviens pourtant;
J'irai juſqu'à la douzaine,
Pour être à-peu-près content;
Car, une fois, ce n'eſt pas la peine,
Tous les Héros en font autant.

L'AMI.

Air : *Des Pendus.*

Or, écoutez.

RICHMOND.
Or, écoutons.

L'AMI.
Un Courier du Duc des Bretons,
A Richard apporte une Lettre :
Richmond, il faut la lui remettre.

RICHMOND.
Il peut me reconnoître.

L'AMI.
Oh ! oh !

Comment donc ?

RICHMOND.
Fin de l'Air.

Il m'a vu long-temps au berceau.

L' A M I.

Air : *Du Tableau Parlant.*

Vous étiez ce que vous n'êtes plus.
Vous n'étiez pas ce que vous êtes.

RICHMOND.

Air : *Si jamais je fais un Ami.*

Mais, auprès de notre ennemi,
J'ai le renom d'être sincère ;
En faisant un mensonge, ami,
J'en fais faire un autre à ma mère ;
Et puis j'ai, j'ai peur pour tes projets,
Que peu d'honneur les accompagne ;
Car tu transforme un Prince Anglois
En Facteur du Duc de Bretagne.

L' A M I.

Air : *C'est un enfant, c'est un enfant.*

Oublions donc l'orgueil de Prince :
Quand la mort tient à notre nom,
Il vaut mieux vivre obscur & mince,
Que de mourir Duc de Richmond.

RICHMOND.

Oui, mais me permettre
Le tour de la lettre,
L'honneur, Ami, me le défend.

L' A M I.

Qu'il est enfant, qu'il est enfant.

RICHMOND.

Air : *Jardinier, ne vois-tu pas.*

Pour consentir
A mentir ,

Tu m'as cru trop inepte ;
J'ai l'air
Hypocrite ou fier ;
Eh bien, point du tout, mon cher :
J'accepte, j'accepte, j'accepte.

L' A M I.

Air : *Finiſſez, Monſieur, je ſommes trop ſage.*

Pourquoi donc enfin la réſiſtance
Que vous oppoſiez à mes projets ?

R I C H M O N D.

Pour me faire honneur de ma conſtance,
Car au fonds du cœur j'en enrageois.

L' A M I.

C'eſt perdre du tems, que ſe défendre,
Quand on veut ſe rendre ;

R I C H M O N D.

Ami, que dis-tu ?
Voilà, je t'aſſure, ou je meure,
Plus d'un grand quart d'heure
Que j'ai de la vertu.

L' A M I, *froidement tirant ſa montre.*

Je crois que vous avancez.

Air : *Voilà les Dragons qui viennent.*

J'entends l'ogre ſanguinaire,
Prenez l'air courier :
C'eſt un air qui ne ſied guere,
N'importe, il eſt néceſſaire,
Il faut l'employer.

SCENE XIII.

RICHARD, RICHMOND.

RICHMOND.

Air : *Des Trembleurs.*

Roi., que la gloire accompagne,
Le puiſſant Duc de Bretagne,
Qui garde les cœurs qu'il gagne,
Qui ſur le mien a des droits,
Me députe ici pour cauſe,
Et m'a, ſur toute autre choſe,
Chargé d'une épître en proſe,
Pour l'illuſtre Richard trois.

RICHARD *prend la lettre, & la lit.*

Sachons ce que dit la lettre.
    Monſeigneur & cher Tyran,
Richmond pourra ſe permettre....
Là, là, là, là, là, là, là, là,
        Je ſais déja
        Tout cela.

Air : *Vaudeville de Florine.*

Tu m'as plu, je ſuis difficile,
Reſte ici, j'aurai ſoin de toi;
Du Lord Duc, ſujet indocile,
Tiens, prends la place auprès de moi;
Il étoit riche : hérite, hérite
Des grands biens de ce traitre-là.

                    RICHMOND.

RICHMOND.

Mais, grand Roi, je suis sans mérite.

RICHARD.

Mon amitié t'en donnera.

Air : Félicité passée.

Du tourment de ma flamme,
Confident imprévu,
Je vais t'ouvrir mon ame,
Sans t'avoir jamais vu.

RICHMOND.

L'apparence en impose
A qui juge à demi :
Je ne vaux pas grand chose.

RICHARD.

Bon ! tu n'en vaux que mieux, pour être mon ami.

Elizabeth paroît.

RICHARD.

Air : La jeune Annette.

J'aime une belle,
Fiere & rebelle,
Et je suis d'elle
Toujours épris :
A ma priere,
L'Infante altiere
N'accorde guere
Que du mépris. *bis.*

RICHMOND.

Air : Ton humeur est Catherine.

Son refus n'est pas sincere ;
Ce n'est qu'un air de rigueur.

C

Un Roi toujours fait pour plaire,
Doit commander même au cœur.
Il embellit la Couronne,
S'il a d'ailleurs des appas ;
Comme à son tour la Couronne
L'embellit, s'il n'en a pas.

RICHARD.

Air : *Un Cordelier d'une riche encolure.*

J'entends du bruit ; si c'étoit la cruelle.........

SCENE XIV.

Les précédens, ELIZABETH.

RICHARD.

Cher ami, c'est elle !
Quelle est bien ! quels yeux !

RICHMOND.

Ah ! Sire, on n'est pas mieux.

ELIZABETH, *à part.*

Dieux ! c'est Richmond & l'objet de ma haine !

RICHMOND, *à Richard.*

Mon aspect la gêne.

RICHARD.

Reste. Il faut m'aider
A la persuader.

RICHARD.

Air : *On compteroit les noirs excès,* ou *Nous voilà donc au rendez-vous.*

Pourrois-tu préparer son cœur
Et fléchir sa rigueur coupable ?

RICHMOND.
Vous me faites beaucoup d'honneur ;
Mais je crains d'en être incapable,
RICHARD.
Soumets-moi fon cœur ennemi,
Brave un préjugé de Province ;
Lorfque le Prince eft notre ami,
N'eft-on pas l'ami du Prince ?

RICHMOND, *à Elizabeth.*

Air : *Annette à l'âge de quinze ans.*

Un Roi puiffant...... un monftre heureux,
Vous offre un cœur..... un cœur affreux.
Votre refus m'a pénétré ;
   Le Roi s'irrite,
   Car il mérite............
D'être abhorré.

RICHARD, *le tirant à part.*

Air : *Jean de la Riole , mon ami,* ou *Finiffez donc , vous chiffonnez mon cotillon couleur de rofe.*

Recommande-bien lui fur-tout
D'oublier celui qu'elle adore ,
Un petit Prince, errant par-tout,
Sans argent , fans trône & fans goût.
Lui , tout-à-l'heure il étoit là ;
Peut-être qu'il s'y cache encore.
Si je le tiens, il me paiera
   L'amour qu'elle a
   Pour ce fat-là.

RICHMOND, *fe rapprochant d'Elizabeth.*

Air : *Annette à l'âge d quinze ans.*

Un ennemi gêne nos feux ;
Le téméraire eft en ces lieux.

Il nous entend ;
En cet inftant
Bientôt le traître,
Pourra connoître
Quel fort l'attend.

RICHARD, *le ramenant à lui.*

Air : *Jean de la Riole, mon ami.*

Oui, puniffons ce Richmond-là,
Je lui dois toute ma colere.
Que ne fait-il ce projet - là :

RICHMOND.

Soyez fûr qu'il le fait déja.

RICHARD, *à la Princeffe.*

Tenez, mon trône a des attraits,
Princeffe, abjurons la chimere ;
Régnons nous deux ; nos nœuds font prêts ;
D'abord un fceptre, un cœur après.

ELIZABETH.

'Air : *La nuit , quand je penfe à Jeannette.*

J'ai fenti ma peur fecrete
Se calmer en l'écoutant.
Rendez grace à l'interprete
De votre amour trop conftant.
Je fens qu'un amour fuprême,
A fes difcours eft mêlé ;
Mais fur-tout qu'il faut que j'aime
Celui dont il m'a parlé.

RICHARD. (*Tableau parlant.*)

Cet aveu charmant
Répand dans mon ame.......

SCENE XV.

RICHARD, RICHMOND.

Air : *Hélas ! pourquoi s'endormoit - elle.*

MARGUERITE, *involontairement, voyant Richmond.*

RICHMOND !

RICHARD.

Richmond ! Que dit-elle ?

RICHMOND, *avec embarras.*

Richmond fut de mes amis.
Mais la fortune infidele
M'a mis
De ſes ennemis.
Hélas ! pourquoi m'y force-t-elle.
Le malheur n'a point d'amis.

SCENE XVI.

Les précédens, CATESBY.

CATESBY.

Air : *De la petite Poſte de Paris.*

AH, Monſeigneur ! Ah, Monſeigneur !
Tout eſt ici dans la rumeur.

Anglois, François, unis, ferrés,
Nous ont tout-à coup entourés.

RICHARD.

Ils ont bien fait de s'approcher,
Nous n'irons pas loin les chercher.

CATESBY.

Air : *Sous le nom de l'Amitié.*

Sous le nom
Du Lord Richmond,
L'Anglois Marche & s'avance,
L'Anglois marche & s'avance,
Sous le nom
Du Lord Richmond,
Au tour de nous tout tremble,
Tout fléchit.

RICHARD.

Quel affront !
CATESBY.
Sous le nom,
Sous le nom,
Du Lord Richmond.

RICHARD.

Air : *Adieu donc, dame Françoise.*

Triomphons du téméraire,
Ou mourons en combattant ;
Gardez sa mere
Pourtant,
Et la beauté qui m'est chere,
Mais qui m'a, j'en ai grand peur,
Fait un aveu trompeur :
Marchons contre un téméraire,
Je l'immole à ma fureur.

SCENE XVII.

RICHMOND, RICHARD.

RICHARD.

Air : *Il n'est pas de bonne Fête.*

Si la gloire a des charmes
        Pour toi,
    Comme pour moi ;
Cher ami, prends les armes,
Viens me prouver ta foi.

RICHMOND.

Dispensez-moi de combattre,
    Car je sens bien qu'au fond,
J'aurois grand tort de me battre
    Contre Richmond.

RICHARD.

Air : *M'aimes-tu ?*

L'aimes - tu ?

RICHMOND.

Ah ! comme moi - même.

RICHARD.

Me crains - tu ?

RICHMOND.

Mais.... comme je t'aime...

RICHARD.

Qu'est-ce que c'est donc que tout ceci ? tu me
parois familier.

RICHMOND.

Air : *Pour un maudit péché.*

Tu m'as tout confié , je dois le reconnoître.
   Ecoute mon secret ,
   Mais sur - tout sois discret :
   Sais - tu qui je puis être ?
   Tyran , sais - tu mon nom ?

RICHARD.

Que sais-je ? Hé ! mais , peut-être
   Richmond.

RICHMOND.

Vous avez deviné cela.

RICHARD, *Furieux.*

Air : *Lubin a la préférence.*

   Quoi !
   C'est toi,
  Sujet rebelle !
  Ainsi donc ,
 Fier Richmond ,
Tu prends un autre nom !
Le nom d'un autre ! infidele !
  Tu fais bien
De craindre le tien.

Il tire son épée.

Air : *Il n'est qu'un pas du mal au bien.*

Tu mourras ; oui , ma main armée…

RICHMOND.

Richard fait encor le méchant !
Sois tranquille , ou tiens , sur le champ ;
Je t'abandonne à mon armée :

N'apperçois - tu pas
    Mes foldats :
    Il n'eft qu'un pas
    D'ici là-bas.

RICHARD.

Air *Des trembleurs.*

Périffons : hé que m'importe !
Si d'un coup que je te porte,
Du moins, en mourant, j'emporte
    Tes jours profcrits que je hais :
Traître, en garde ! en garde ! en garde !

RICHMOND.

Sans Spectateur je n'ai garde ;
Je me bats quand on regarde,
    En tête à tête jamais.

Ah ! fi nous n'étions pas feuls. *J'accepterois,
j'accepterois.*

RICHMOND.

Air : *En fortant du Magafin.*

Adieu Richard, je te quitte ;
Tu m'a pris pour confident,
Permets donc que je m'acquitte
Par un confeil très-prudent,
Un tyran qui fait fon rôle,
Rarement eft indifcret ;
Il peut donner fa parole,
il doit garder fon fecret.

SCENE XVIII.

RICHARD, *seul.*

DEMANDEZ-MOI
Pourquoi,
Pourquoi Richmond m'échappe;
Mais sur-tout, en ce danger - ci,
Pourquoi j'ose rester ici.

Air: *Je suis un Laron.*

Je m'en suis douté :
Par sembleu je reste
Pour être agité
Des fureurs d'Oreste :
Car
J'ai déja la migraine
Fort,
Et j'aurai le transport.

Air : *Triste raison.*

Raison qu'es-tu? Je sens foiblir la nôtre;
Ah! loin de nous un regret mal-adroit;
En la perdant, je perds bien moins qu'un autre;
Un autre aussi perd bien moins qu'il ne croît.

La mienne est éclipsée tout-à-fait, essayons de
lier deux idées ensemble. (*Avec emphase*).

La gloire est un jour pur sorti du sein des ombres.

Ah! c'en est fait, je ne sais plus ce que je dis.

Air : *Ne v'la-t-il pas que j'aime.*

En ce châtiment mérité,
Oh! faveur imprévue!
J'apperçois la poſtérité,
Très-peu de gens l'ont vue.

Air : *Ma grand'mere étoit peinte.*

L'un m'y livre aux pleurs, aux ſanglots
Dans une Tragédie.
Affublé d'airs & de grelots,
L'autre me parodie;
Mon œil qui confond
Tragique & bouffon,
Eſt d'une perfidie
Qu'à peine je peux
Diſtinguer des deux
Quelle eſt la Parodie.

Même Air.

Mais grands dieux! quels horribles traits
Ont glacé mon courage!
Un noir pinceau m'offre en portraits
Ceux qu'immola ma rage,
Tous ces trépaſſés
Sur le mur tracés,
Me rempliſſent de crainte;
Là mon pere eſt peint,
Là mon frere eſt peint,
Là ma grand'mere eſt peinte.

Air : *Mon cher Monſieur Gripon.*

Gouffre affreux & profond,
O terre ouvre-toi donc.   *bis.*

(*Il ſe frotte les yeux comme réveillé d'un aſſou-*
piſſement ; prend un caſque, ſon épée & chante).

Air : *Fanfare de Saint-Cloud.*

Illusion impuissante,
Prestige faux & trompeur,
Fuyez, & que Richmond sente
Que je suis Richard sans peur ;
Bercé d'un pareil mensonge,
Il sourit à son projet,
Couronné par un vain songe,
Qu'il s'éveille mon sujet.

SCENE XIX.

RICHMOND, CATESBY, GARDES, ELIZABETH, MARGUERITE, Un DESSINATEUR.

RICHARD.

Air : *La Pierrefitoise.*

Fiers Anglois, c'est trop long-tems fléchir,
De ses fers il faut s'affranchir.

(*Elizabeth paroît traînée par des Soldats, dont un lui suspend un poignard sur le sein*).

MARGUERITE, *continue.*

Même Air.

Mais, ô Dieux ! la fille des héros
Sous la main, sous le fer des boureaux !

CATESBY, *aux Soldats.*

Obéissez-donc.

E L I Z A B E T H.

Ah, cher Richmond !

M.A R G U E R I T E, *les mains étendues.*

Barbares Soldats,
Ne frappez pas,
Ne frappez pas.

E L I Z A B E T H.

Ah ! cruels, hatez-donc mon trépas.

M A R G U E R I T E, *à Catesby.*

Que faut-il pour enchaîner ton bras ?
Marguerite est à tes genoux.

Un DESSINATEUR.

Profitons d'un si beau moment, nous.

(*Le Dessinateur sur le devant du Théâtre*).

Air : *De Rémonde.*

L'attitude me seconde ;
Le beau grouppe ! il est complet ;
Et pour peu que j'y réponde......

(*Richmond paroît à la tête de ses Soldats, &*
se prépare à fondre sur les Troupes de Richard ;
le Dessinateur troublé , continue sur le même air).

Milord ! Milord ! s'il vous plaît !
Ne dérangez pas le monde ;
Laissez chacun comme il est.

R I C H M O N D.

Air : *Vaudeville du Maréchal ,* &c.

Cher ami, ne t'alarme pas ;
Ton art a pour moi des appas :
Mais l'attitude n'est pas rare,
Et tu pourras la retrouver ;
Permets - moi d'abord de sauver
L'objet qu'immoloit un barbare.

(*A ses Soldats*).

Nous donnons :

ELIZABETH.

Pardonnons,
Couronnons
La victoire :
La clémence ajoute à la gloire.

ELIZABETH, *présentant Richmond au Peuple.*

Air : *Un Soldat sous un coup funeste.*

Peuple à qui sa vertu suprême,
Rend la liberté premier don,
Reconnoissez celui que j'aime,
Le bel Henri, Duc de Richmond ;
Son nom d'heureux présage,
Son nom fait pour être chéri,
Promet un Roi bienfaisant, juste & sage.
Vive Henri.   *bis.*

RICHMOND.

Et Richard ?

MARGUERITE.

Il ne vaut pas la peine qu'on s'en informe.

ELIZABETH.

Air : *L'Angloise de la Reine.*
Ce Peuple d'amis
Soumis,
Nous offre son cœur, te rend
Ton rang.

RICHMOND.

Consolons-les par des bienfaits,
Des chagrins qu'ils nous ont faits.

MARGUERITE.

Un Roi fans fafte & fans hauteur,
Sent bien le prix de la grandeur;
Puifqu'il ne lui faut
Qu'un gefte, un mot
Pour fatisfaire aufli-tôt,
Sa main ouverte au malheur,
Achete un plaifir pour fon cœur:
Car on n'eft heureux en effet,
Que par les heureux qu'on fait.

ELIZABETH, *au Public.*

Un Auteur
N'eft point un Cenfeur,
Quand fa main
Lance un trait badin,
Il peut ufer,
Sans abufer,
Du droit de vous amufer:
Trop heureux fi
Celui-ci
Vous fait paffer un moment
Gaîment;
Car on n'a bien fait,
En effet,
Que du jour où l'on vous plaît.

F I N.

Lu & approuvé pour la Repréfentation & l'impreffion, ce 27 Août 1781.

SUARD.

Vu l'Approbation, permis de repréfenter & imprimer.
A Paris, ce 27 Août 1781.

LE NOIR.

ERRATA.

PAGE 12, Un peu d'ardeur, *lisez* Un peu d'audace.

Pag. 24, Je l'apprends sans regret. *lisez* sans pleurs.

Pag. 25, Celui qui, *lisez* Celui que.

De l'Imprimerie de VALADE, rue des Noyers.

www.ingramcontent.com/pod-product-compliance
Ingram Content Group UK Ltd.
Pitfield, Milton Keynes, MK11 3LW, UK
UKHW022137170726
13837UKWH00004B/1629